ÚNETE A LA MESA DEL MILLÓN

"La estrategia definitiva para implementar el sistema de prospección automatizada en seguros y escalar tus ventas"

Mario Nava

Derechos de autor © 2024 Mario Nava

Únete a la Mesa del Millón

"La estrategia definitiva para implementar el sistema de prospección automatizada en seguros y escalar tus ventas"

Todos los derechos reservados

Ninguna parte de este libro puede ser reproducida ni almacenada en un sistema de recuperación, ni transmitida de cualquier forma o por cualquier medio, electrónico, o de fotocopia, grabación o de cualquier otro modo, sin el permiso expreso del editor.

Primera edición octubre 2024

Diseño de la portada de: Mario Nava

Impreso en México

CONTENIDO

Únete a la Mesa del Millón

Derechos de autor

Prólogo

Dedicatoria

Testimonios

Introducción - El Nuevo Paradigma para los Agentes de Seguros	1
Capítulo 1: Problemas actuales en la prospección tradicional	3
Capítulo 2: ¿Por qué la Prospección Tradicional No Escalará tu Despacho?	7
Capítulo 3: Mentalidad de Escalabilidad, De Agente a Empresario de Seguros	15
Capítulo 4: El Apalancamiento tecnológico que necesitas	23
Capítulo 5: El Sistema de Prospección Automatizada en Seguros	32
Capítulo 6: Venta Digital de Seguros	43
Capítulo 7: La Importancia de las Métricas en el Marketing Digital para Seguros	53
Capítulo 8: El Futuro del Despacho de Seguros - Crecimiento Sostenido	61
Capítulo 9: Únete a la Mesa del Millón	69

Regalo de NetUs	75
Preguntas Frecuentes	77
Recursos y Herramientas Recomendadas	79
Agradecimientos	81
Acerca del autor	83

PRÓLOGO

Hace algunos años, estaba convencido de que vender seguros por internet era imposible. Después de intentar sin éxito en un par de ocasiones, solo sentí frustración y pérdida de tiempo y dinero. Soy un agente consolidado con métodos tradicionales, y no veía cómo la tecnología podía ayudarme a vender por internet.

Todo cambió cuando Mario Nava me mostró un nuevo enfoque: el **Sistema de Prospección Automatizada en Seguros**. Al principio, era escéptico, pero la pandemia me forzó a reconsiderar. Con la ayuda de él decidí probar algo diferente, y fue entonces cuando mi mentalidad dio un giro radical.

Mario y el equipo de la Agencia NetUs me enseñaron a **automatizar la prospección** y a usar herramientas tecnológicas para captar clientes sin depender exclusivamente de mi mercado natural o de referidos. Al implementar el sistema, empecé a ver resultados que jamás hubiera imaginado. En solo seis meses, **mis ventas se incrementaron en más de $50,000 dólares** y continuan aumentando, antes ya calificaba para premios, congresos, viajes y bonos pero ahora lo hago consistentemente.

Este libro que tienes en tus manos no solo detalla las estrategias que cambiaron mi vida profesional como agente de seguros, sino que también ofrece un modelo probado que **NetUs desarrolló** específicamente para agentes de seguros como yo y como tu, que creen que no es posible escalar la venta de pólizas de seguros en el mundo digital. Aquí descubrirás cómo aplicar este sistema para transformar tu despacho y lograr un crecimiento escalable, sostenible y rentable.

Desde hace varios años he sido un miembro destacado de la **Million Dollar Round Table (MDRT)**. Hoy al adoptar el **Sistema de Prospección Automatizada en Seguros (SPAS)**, pasé de ser un escéptico de las ventas de seguros por internet a incluso compartir clientes potenciales con otros compañeros agentes de seguros, disfruto de mayor libertad financiera y profesional que antes. Si estás dispuesto a cambiar tu mentalidad y aprovechar las herramientas que NetUs ha desarrollado, este libro será tu guía para un crecimiento extraordinario.

Este modelo no es solo un conjunto de técnicas, es una **mentalidad de expansión**. Te invito a aplicar lo que aquí aprenderás, a romper con los métodos tradicionales que limitan tu potencial, y a **Unirte a la Mesa del Millón**. Si yo puedo hacerlo consistentemente, tú también puedes. ¡Es tu momento!

Por Samuel Santoyo, Agente MDRT

En memoria de mi hermano Fernando, por quien toda esta aventura comenzó... ¡Siempre te voy a recordar... hasta vernos con el rey!

TESTIMONIOS

"Gracias al **sistema de prospección automatizada en seguros**, he logrado transformar mi despacho y aumentado mis ventas en **$50,000 dólares en los primeros 6 meses**"
— Samuel Santoyo, Agente MDRT.

"¡El apalancamiento tecnológico que hemos logrado con la plataforma **NetUs Lead Machine** nos permite captar prospectos todos los días de la semana!"
— Samir Chamán, Agente MDRT.

"Ahora contamos con un sistema automatizado para controlar nuestros clientes y captamos **prospectos incluso para compartir con otros compañeros agentes de seguros**"
— Laura Cervantes, Agente MDRT.

INTRODUCCIÓN - EL NUEVO PARADIGMA PARA LOS AGENTES DE SEGUROS

PRESENTACIÓN DEL LIBRO Y SU PROPÓSITO

Este libro, **"Únete a la Mesa del Millón"**, está diseñado para agentes de seguros que buscan revolucionar la forma en que captan prospectos y aumentan sus ventas, dejando atrás métodos tradicionales como el mercado natural y los referidos. Su propósito es guiarte hacia un sistema automatizado de prospección que no solo te permitirá incrementar tus ingresos entre $15,000 y $50,000 en 6 meses, sino también transformar tu despacho de seguros en un negocio escalable y eficiente.

Este enfoque surge de una necesidad creciente en la industria de seguros: la evolución hacia procesos digitales y automatizados. Los agentes de seguros enfrentan retos al depender del mercado natural y referidos, lo que suele llevar a un estancamiento y agotamiento. Este libro no solo ofrece soluciones prácticas, sino también un cambio de mentalidad para que los agentes adopten el apalancamiento tecnológico como una herramienta de crecimiento.

La promesa de valor es clara: **crear un despacho de seguros con un sistema predecible de ventas, impulsado por tecnología** y **automatización, para generar crecimiento sostenido sin desgastarse en métodos obsoletos.**

A lo largo de las páginas, se desglosarán las estrategias que hemos perfeccionado en NetUs, para que puedas implementarlas y transformar tu vida profesional. Desde la importancia de la tecnología y las métricas, hasta cómo construir confianza en ventas digitales, este libro es una hoja de ruta clara para alcanzar el éxito en el sector de seguros.

Propósito Del Libro:

1. **Guiar al lector** en la implementación de un sistema automatizado de prospección.
2. **Transformar su mentalidad** de autoempleado a empresario de seguros.
3. **Proporcionar herramientas prácticas** que permitan escalar su negocio de manera predecible y sostenible.
4. **Motivar** a los agentes de seguros a tomar acción y unirse a la "Mesa del Millón", donde los resultados están a la vista.

Este libro es tu guía definitiva para escalar tu negocio de seguros, basándose en estrategias probadas y tecnología de vanguardia.

CAPÍTULO 1: PROBLEMAS ACTUALES EN LA PROSPECCIÓN TRADICIONAL

PROSPECCIÓN TRADICIONAL

La prospección tradicional en seguros ha demostrado ser ineficaz y agotadora para muchos agentes. Entre los principales problemas está la **dependencia del mercado natural y los referidos**, métodos limitados que dependen exclusivamente de las conexiones personales. Si bien pueden ser útiles en una primera fase, rápidamente se agotan y no permiten un crecimiento sostenido. Esto lleva a muchos agentes a enfrentarse al rechazo constante o al **agotamiento de sus redes de contactos**.

Otro gran obstáculo es el tiempo y esfuerzo que se requiere en las tácticas tradicionales, como la prospección puerta a puerta, llamadas en frío o la necesidad de asistir a eventos físicos para hacer networking. Estas estrategias **no son escalables**, lo que significa que dependen directamente del tiempo y la energía del agente, haciendo que sea difícil aumentar las ventas sin sacrificar tiempo personal.

Además, la prospección tradicional **no garantiza un flujo constante de clientes potenciales cualificados**. Los referidos y el mercado natural suelen traer clientes con necesidades no alineadas a los servicios del agente, lo que genera frustración y una tasa de conversión baja.

La evolución digital está generando un nuevo desafío para los agentes que continúan con prácticas obsoletas: mientras el mundo avanza hacia la automatización y la tecnología, **los métodos tradicionales se están quedando atrás**, limitando las posibilidades de crecimiento de los despachos que no adoptan nuevas estrategias.

Por ello, es crucial que los agentes de seguros adopten soluciones automatizadas y tecnológicas que les permitan atraer prospectos cualificados de forma constante, sin depender únicamente de referidos o redes sociales.

> NetUs y su promesa de alto valor: aumentar las ventas entre $15,000 y $50,000 dólares en 6 meses sin depender del mercado natural ni referidos.

NetUs es una empresa que ha revolucionado la forma en que los agentes de seguros captan prospectos y aumentan sus ventas. Su promesa de alto valor es clara: **ayudar a los agentes a incrementar sus ingresos entre $15,000 y $50,000 en un periodo de 6 meses** mediante la implementación de un **Sistema de Prospección Automatizada** que trabaja 24/7. Este sistema les permite generar un flujo constante de prospectos cualificados, sin depender de métodos tradicionales como el mercado natural y los referidos.

La clave de esta promesa es la **automatización tecnológica**, un enfoque que libera a los agentes del esfuerzo manual en la prospección, dándoles más tiempo para concentrarse en lo que mejor saben hacer: **cerrar ventas y proporcionar un servicio excepcional**. El sistema no solo atrae prospectos de calidad, sino que lo hace de manera predecible y escalable, lo que garantiza que el crecimiento del negocio no esté atado al tiempo o esfuerzo personal del agente.

Este enfoque combina el uso de **CRM, campañas automatizadas de marketing y segmentación inteligente**, lo que asegura que los prospectos reciban la atención adecuada y estén listos para agendar citas con los agentes. Con NetUs, los agentes acceden a un método probado que **reduce el desgaste personal** y aumenta de manera significativa las ventas, sin tener que depender de técnicas de prospección obsoletas.

TAREAS PARA IMPLEMENTAR:

1. **Analiza tu sistema de prospección actual**: Evalúa qué porcentaje de tus ventas proviene del mercado natural y referidos, y qué tan sostenible es a largo plazo.
2. **Identifica tus áreas de mejora**: Reflexiona sobre las estrategias tradicionales que te están limitando y qué actividades te consumen más tiempo.
3. **Investiga herramientas tecnológicas**: Busca sistemas de CRM y automatización que puedan ayudarte a optimizar la prospección y gestión de clientes.
4. **Establece metas de ventas claras**: Define una meta de ventas específica para los próximos 6 meses y determina cómo te ayudará un sistema automatizado a alcanzarla.
5. **Conéctate con NetUs**: Si aún no lo has hecho, agenda una videollamada con NetUs para conocer el sistema automatizado y cómo puedes implementarlo en tu despacho de seguros.

Estas tareas te pondrán en el camino para empezar a implementar un sistema automatizado de prospección y dar el primer paso hacia la **Mesa del Millón**.

CAPÍTULO 2: ¿POR QUÉ LA PROSPECCIÓN TRADICIONAL NO ESCALARÁ TU DESPACHO?

LOS LÍMITES DEL MERCADO NATURAL Y EL DESGASTE DE LAS ESTRATEGIAS TRADICIONALES

El mercado natural, compuesto por familiares, amigos y conocidos, es un recurso limitado que rápidamente se agota. Al depender de este círculo cercano, los agentes de seguros experimentan un **estancamiento en su crecimiento** porque no logran llegar a nuevos prospectos. Esto lleva a la fatiga, ya que constantemente deben **pedir referidos**, lo que puede generar incomodidad tanto para el agente como para sus contactos.

Además, las estrategias tradicionales como las llamadas en frío, visitas puerta a puerta o eventos presenciales **demandan tiempo y energía**, y su efectividad es incierta. Estas prácticas suelen depender de un esfuerzo constante y no permiten escalar el negocio de manera predecible.

Otro problema clave es la **falta de consistencia** en la calidad de los prospectos. El mercado natural puede ofrecer clientes que no están completamente interesados o que no representan una oportunidad real de negocio, lo que genera frustración. Las estrategias de prospección manual suelen carecer de enfoque en la segmentación adecuada, lo que **disminuye las tasas de conversión** y deja a los agentes invirtiendo mucho tiempo sin obtener los resultados esperados.

Por otro lado, las estrategias tradicionales no permiten la **automatización**, lo que limita las posibilidades de crecimiento, ya que cada nuevo cliente requiere un esfuerzo adicional manual, lo que consume el tiempo valioso del agente y **reduce su eficiencia**. Esto hace que los agentes se encuentren atrapados en un ciclo de esfuerzo constante, sin poder despegar su despacho de manera significativa.

Este contexto muestra la **necesidad urgente** de adoptar métodos de prospección automatizados que permitan un crecimiento escalable y eficiente, con un flujo constante de prospectos cualificados que libere al agente de este desgaste.

ESTRATEGIAS DE MARKETING AGOTADORAS Y NO RENTABLES

Las estrategias de marketing tradicionales en la industria de seguros, como las llamadas en frío, las visitas puerta a puerta, y los eventos presenciales, **requieren un esfuerzo constante** que consume tiempo y energía sin garantizar resultados sostenibles. Este enfoque manual suele generar una baja conversión, ya que **no están dirigidas a prospectos cualificados**, lo que incrementa la frustración del agente.

El uso intensivo de redes sociales para crear contenido constante puede ser igualmente **agotador y poco escalable**, sobre todo si no está bien estructurado con métricas claras de retorno de inversión. Estas tácticas, al no estar automatizadas, dependen del trabajo manual del agente y **no permiten un crecimiento predecible**, lo que las convierte en estrategias no rentables a largo plazo.

Las estrategias de marketing digital que inicialmente parecen efectivas, como la **creación constante de webinars** y los **lanzamientos digitales**, pueden volverse **insostenibles** a largo plazo debido a la cantidad de tiempo y recursos que consumen. Estos métodos requieren preparación intensiva, promoción, y un seguimiento constante, sin mencionar que dependen de la capacidad del agente para atraer una gran audiencia de manera recurrente.

Los webinars, aunque efectivos en algunos casos, suelen tener una **alta tasa de abandono** o baja participación si no están diseñados con un objetivo claro y un embudo de ventas eficiente. Además, los **lanzamientos digitales**, que incluyen una serie de publicaciones previas, correos masivos y anuncios, pueden no tener el impacto esperado si no se realizan con un equipo de marketing especializado. Esto genera **frustración** cuando los resultados no justifican el esfuerzo invertido.

A pesar de que estas estrategias son populares en la era digital,

no siempre son escalables ni garantizan un retorno de inversión positivo. Los agentes pueden encontrarse agotados por tener que generar contenido constante para captar atención, gestionar interacciones, y tratar de convertir prospectos, sin contar con un sistema automatizado que alivie esa carga. En muchos casos, los resultados son **irregulares** y dependen demasiado de factores externos, como la saturación de los medios digitales o la falta de interés del público en participar.

Uno de los mayores problemas es que, sin un enfoque automatizado, es difícil **medir y optimizar los resultados**. La falta de seguimiento preciso en el rendimiento de estas estrategias hace que sea complicado saber dónde invertir esfuerzos y recursos de manera eficiente, lo que lleva a un desgaste innecesario y pérdida de tiempo.

Además, estas estrategias no permiten el apalancamiento de la tecnología para **escalar el negocio**, lo que deja a los agentes atrapados en ciclos interminables de esfuerzos con resultados limitados. Sin un sistema claro de métricas y automatización, el agente no puede medir adecuadamente el costo de adquisición de clientes, lo que afecta su capacidad para **optimizar su inversión**.

Este enfoque deja clara la importancia de adoptar **herramientas automatizadas de prospección** que maximicen el retorno de inversión y permitan una gestión más efectiva de los clientes potenciales, liberando tiempo y recursos para enfocarse en el cierre de ventas y crecimiento del despacho.

SISTEMA PREDECIBLE DE VENTAS: INTRODUCCIÓN AL NUEVO ENFOQUE DE LA PROSPECCIÓN AUTOMATIZADA.

Uno de los grandes retos para los agentes de seguros es la inconsistencia en sus ventas, lo que muchas veces se debe a la falta de un **sistema predecible de ventas**. Un sistema predecible permite que las ventas no dependan del esfuerzo diario o de la búsqueda constante de nuevos clientes de forma manual. Este concepto ha sido desarrollado y popularizado por autores como **Daniel Marcos**, quien señala que un sistema predecible es esencial para escalar cualquier negocio de manera eficiente y sin dramas.

Marcos destaca que, para que un negocio escale, es fundamental eliminar el caos y la dependencia de procesos informales. En lugar de enfocarse únicamente en referidos o el mercado natural, los agentes deben implementar **métodos automatizados de prospección** que les aseguren un flujo constante de prospectos cualificados, permitiéndoles concentrarse en cerrar ventas en lugar de gastar tiempo y energía en buscar clientes potenciales.

Un sistema predecible de ventas se basa en la **automatización de procesos**, lo que asegura que el negocio puede operar con eficiencia sin la intervención constante del agente. Esto incluye herramientas como **CRM** y **automatizaciones de marketing**, que permiten segmentar prospectos, realizar seguimientos automáticos y programar citas de manera eficiente y automática. El objetivo es crear un ciclo repetible y confiable que elimine las sorpresas en la captación de nuevos clientes.

En lugar de depender del azar o de esfuerzos aislados, el enfoque automatizado se centra en establecer procesos claros, medibles y escalables. Esto permite que el agente no solo genere prospectos de manera continua, sino que también pueda proyectar con precisión sus resultados futuros. Este es un principio clave en la metodología de desarrollada por NetUs: la previsibilidad permite tomar decisiones informadas y enfocarse en lo que realmente importa para el crecimiento del negocio.

En resumen, un **sistema de ventas predecible** no solo aporta estabilidad al negocio, sino que también es la base para escalar de manera ordenada y sin dramas, tal como lo propone Marcos. Al implementar la prospección automatizada, los agentes de seguros pueden generar un flujo constante de prospectos, optimizar su tiempo y maximizar sus resultados.

TAREAS PARA IMPLEMENTAR:

1. **Evalúa la efectividad de tu mercado natural**: Identifica cuántos prospectos has generado en los últimos meses a partir de referidos o tu mercado natural y reflexiona sobre su sostenibilidad a largo plazo.
2. **Haz una lista de tus estrategias agotadoras**: Anota las estrategias que te están generando más desgaste, como llamadas en frío, webinars o lanzamientos, y mide su rentabilidad en tiempo y esfuerzo.
3. **Investiga opciones de automatización**: Comienza a investigar plataformas de automatización como CRM, email marketing o herramientas de prospección automatizada que puedan reducir tu carga operativa. Puedes comenzar con Lead Machine, nuestra plataforma de marketing digital especializada en la industria de seguros.
4. **Establece un embudo de ventas predecible**: Define los pasos que seguirás para convertir prospectos en clientes y documenta las tareas que puedes automatizar para aumentar la eficiencia.
5. **Traza un plan para tu sistema automatizado**: Establece metas claras de cuántos prospectos quieres captar mensualmente con el uso de automatización y proyecta cómo esto puede mejorar tus ingresos.

Estas tareas te ayudarán a comenzar a alejarte de los métodos tradicionales de prospección y avanzar hacia un sistema más automatizado y escalable para tu despacho de seguros.

CAPÍTULO 3: MENTALIDAD DE ESCALABILIDAD, DE AGENTE A EMPRESARIO DE SEGUROS

CAMBIO DE MENTALIDAD: DEJAR DE SER AUTOEMPLEADO Y CONVERTIRSE EN EMPRESARIO

Uno de los mayores desafíos para muchos agentes de seguros es el **cambio de mentalidad** necesario para pasar de ser un **autoempleado** a convertirse en un **empresario**. Un autoempleado depende exclusivamente de su esfuerzo diario para generar ingresos. Esto significa que sus resultados están limitados por el tiempo y la energía que invierte en el negocio. En este modelo, el agente es el pilar central, lo que a menudo conlleva **agotamiento** y **estancamiento**.

Uno de los elementos clave para la transición de autoempleado a empresario es aprender a **delegar**. Invitar a colaboradores en los que puedas confiar y capacitarlos para gestionar tareas operativas y de marketing es esencial. Aunque es natural pensar que no ejecutarán las tareas con el mismo nivel de perfección, si realizan el 70% del trabajo correctamente y tienes varios colaboradores, el impacto acumulado será mayor que hacerlo solo. **Delegar multiplica tu capacidad de acción**, permitiéndote enfocarte en el crecimiento estratégico del negocio.

El paso hacia ser empresario implica **crear sistemas que funcionen de manera autónoma** y no depender exclusivamente del trabajo personal. Para lograr este cambio, es crucial implementar procesos que permitan **escalar** el negocio sin que cada cliente o venta dependa directamente del esfuerzo manual. En lugar de estar en la constante búsqueda de nuevos prospectos, un empresario **invierte en herramientas y automatización** que le permiten generar ingresos de manera consistente y predecible, mientras se enfoca en la **gestión y el crecimiento** del negocio.

Ser empresario también significa adoptar una visión estratégica. Esto incluye establecer **métricas claras** para medir el rendimiento, delegar tareas rutinarias a equipos o sistemas automatizados, y concentrarse en actividades que realmente **impulsen el crecimiento**. Al hacerlo, se genera un negocio que puede seguir funcionando y creciendo **incluso cuando el agente no está directamente involucrado en cada detalle**.

Este cambio de mentalidad es clave para los agentes de seguros que desean **escapar de la trampa del autoempleo** y construir un despacho que no solo sea rentable, sino también sostenible a largo plazo.

El cambio de mentalidad de ser un autoempleado a convertirse en un empresario es una transición crucial que requiere **visión, disciplina y la capacidad de ver más allá del esfuerzo diario**. Adoptar esta mentalidad te permite pensar estratégicamente sobre cómo estructurar y escalar tu negocio, enfocándote en el crecimiento sostenible y no solo en las tareas inmediatas.

Al tomar el control de tu negocio como un verdadero empresario, comienzas a **delegar tareas**, **automatizar procesos** y optimizar recursos. Esto no solo libera tu tiempo, sino que también te da el espacio para diseñar un modelo que sea escalable y predecible, permitiéndote alcanzar objetivos más ambiciosos.

CÓMO ESTRUCTURAR TU NEGOCIO PARA CRECER DE MANERA PREDECIBLE Y ESCALABLE

Para estructurar tu negocio de seguros de forma predecible y escalable, es fundamental crear **sistemas estandarizados** que puedan repetirse de manera consistente sin depender del esfuerzo diario del agente. Esto incluye implementar **procesos automatizados** para la prospección y gestión de clientes, como el uso de **CRM** y herramientas de automatización de marketing. Estos sistemas deben estar basados en **métricas claras** que te permitan medir resultados y optimizar tus esfuerzos.

El primer paso es mapear las actividades diarias de tu negocio, identificando cuáles pueden ser automatizadas o delegadas. Las tareas de bajo valor, como la organización de citas o el seguimiento de prospectos, deben gestionarse con tecnología que asegure que ninguna oportunidad se pierda. Esto libera tiempo para que te enfoques en **estrategias de crecimiento**.

Las **operaciones de un despacho de seguros** abarcan desde la prospección y seguimiento de clientes hasta la gestión de pólizas, renovaciones y atención al cliente. Para que el despacho funcione de manera eficiente, es necesario estructurar procesos claros y repetibles. La optimización de estos procesos permite que el despacho opere con mayor fluidez, facilitando el crecimiento sin aumentar proporcionalmente la carga de trabajo manual.

Además, es esencial **establecer roles claros** dentro de tu equipo o colaboradores, asegurando que cada persona esté capacitada para cumplir su función y logre los KPI de cada proceso. Delegar no solo es un paso práctico para liberar tu tiempo, sino que también garantiza que el negocio pueda seguir funcionando sin tu intervención directa en cada proceso. **La capacitación continua** del equipo es clave para mantener la calidad y eficiencia operativa.

Finalmente, para que el crecimiento sea escalable, es importante adoptar una **mentalidad de expansión**. Piensa en tu despacho como una empresa que puede crecer con más clientes, pero sin aumentar proporcionalmente el esfuerzo manual. A medida que implementas sistemas predecibles y escalables, el negocio no solo se mantendrá, sino que también crecerá de manera sostenible.

MIEDOS COMUNES AL CAMBIO TECNOLÓGICO Y CÓMO SUPERARLOS

La adopción de tecnología en un despacho de seguros puede generar **resistencia al cambio**, en gran parte debido al miedo a lo desconocido. Algunos agentes temen que la tecnología sea complicada de aprender o que reemplace sus habilidades interpersonales en la prospección. Algunos **colaboradores** de agentes, como sus asistentes **temen perder su empleo** y se oponen al cambio tecnológico, al grado de sabotear el proceso de implementación. Este miedo al cambio también incluye preocupaciones sobre la **pérdida de control** al automatizar procesos que antes se manejaban manualmente.

Uno de los miedos más comunes es la **percepción de que la tecnología podría fallar**, afectando el seguimiento de prospectos o la calidad del servicio. También está el miedo a la **inversión financiera** que implica adoptar nuevas herramientas tecnológicas, especialmente si no hay certeza de que darán resultados inmediatos. A esto se suma el temor a la **resistencia del equipo** al tener que aprender y adaptarse a nuevas plataformas.

Para superar estos miedos, es crucial **entender que la tecnología no reemplaza, sino complementa** las habilidades del agente, permitiéndole enfocarse en el cierre de ventas y en ofrecer un mejor servicio. Adoptar una mentalidad de crecimiento implica aceptar que, aunque la curva de aprendizaje pueda ser desafiante al inicio, la **automatización mejora la eficiencia** y asegura un flujo constante de prospectos cualificados.

Además, es importante capacitar al equipo de manera gradual, asegurando que se sientan **seguros y apoyados** en el uso de nuevas herramientas y que además estas no los sustituyen sino que servirán para hacerlos más eficientes en su labor. Iniciar con pasos pequeños, ayudará a construir confianza en el proceso. Una vez que se demuestren los beneficios de la tecnología en términos de ahorro de tiempo y mejora en las ventas, los miedos comenzarán a disiparse.

Finalmente, ver la **tecnología como una inversión** en el crecimiento sostenible del negocio y no como un gasto innecesario es clave para superar las barreras.

TAREAS PARA IMPLEMENTAR:

1. **Autoevaluación de mentalidad**: Reflexiona sobre si estás actuando más como autoempleado que como empresario. Anota los aspectos que podrías delegar o automatizar para enfocarte en el crecimiento de tu despacho.
2. **Identifica tus procesos operativos**: Haz una lista de los procesos operativos de tu despacho, por ejemplo, prospección, venta, cobranza siniestros, gestión de pólizas, etc.
3. **Identifica tareas delegables**: Haz una lista de las actividades que puedes delegar a colaboradores, como tareas operativas o de marketing. Prioriza la capacitación de tu equipo en estas áreas.
4. **Selecciona una herramienta de automatización**: Investiga y selecciona una plataforma tecnológica (CRM, automatización de marketing) que te permita organizar y estandarizar tus procesos.
5. **Capacita a tu equipo y grábalo**: Organiza una capacitación gradual para tus colaboradores sobre las nuevas herramientas tecnológicas que implementarán, asegurando que se sientan seguros en su uso. Además grabalas en video para que puedas capacitar a nuevos colaboradores en el futuro.
6. **Establece roles claros**: Define los roles y KPI de cada colaborador para que contribuyan de manera efectiva al crecimiento de tu despacho sin que todo dependa de ti.

Estas tareas ayudarán a avanzar hacia un despacho más estructurado y escalable, liberando tiempo y permitiendo enfocarse en el crecimiento estratégico.

CAPÍTULO 4: EL APALANCAMIENTO TECNOLÓGICO QUE NECESITAS

IMPORTANCIA DE LA TECNOLOGÍA EN LA AUTOMATIZACIÓN DE PROCESOS

La estandarización de procesos siempre es factible mediante la documentación en procedimientos, grabación en video de las actividades como sugiere Mike Michalowicz en su libro "El sistema Clockwork", sin embargo, la automatización de procesos requerirá siempre la implementación de tecnologías.

La tecnología ha revolucionado la forma en que se gestionan los negocios, y en el ámbito de los seguros no es diferente. La **automatización de procesos** permite a los agentes de seguros optimizar su tiempo, reducir errores humanos y garantizar que las tareas críticas se realicen de manera estandarizada y eficiente. Implementar tecnología como el Custumer Relationship Manager (**CRM**), campañas de marketing automatizadas y segmentación de prospectos y clientes asegura un flujo constante de prospectos cualificados y minimiza el esfuerzo manual. Esto libera al agente para enfocarse en actividades de mayor valor, como el cierre de ventas y la atención personalizada.

La tecnología también permite establecer **procesos repetibles y escalables**, asegurando que el negocio funcione de manera consistente, sin depender de la intervención diaria del agente. Desde la organización de citas hasta el seguimiento automatizado, cada aspecto del proceso de ventas puede gestionarse con mayor precisión y eficiencia, lo que reduce el desgaste y aumenta las oportunidades de éxito. En un mundo donde la competitividad aumenta cada día, **aprovechar el apalancamiento tecnológico** no solo es una ventaja, sino una necesidad para cualquier agente de seguros que quiera escalar su negocio de manera predecible.

SISTEMA CRM Y SU IMPACTO EN LA GESTIÓN DE PROSPECTOS Y CLIENTES

Un **sistema CRM (Customer Relationship Management)** es una herramienta crucial para la automatización y eficiencia de los procesos de ventas en un despacho de seguros. Su principal ventaja radica en la **centralización de la información** de prospectos y clientes, lo que permite un control más preciso sobre cada interacción, seguimiento y fase de conversión.

El impacto de un CRM en la gestión de prospectos es significativo: **automatiza el seguimiento**, organiza la comunicación y asegura que ninguna oportunidad se pierda por falta de atención. Además, el CRM permite segmentar prospectos en función de sus necesidades, intereses o etapa en el proceso de compra, lo que facilita la personalización de los mensajes y aumenta la tasa de conversión.

En cuanto a la gestión de clientes actuales, el CRM permite **registrar las interacciones pasadas**, lo que asegura un servicio continuo y una mejor relación a largo plazo. Este enfoque también facilita la **venta cruzada** y la renovación de pólizas al contar con alertas automáticas que recuerdan fechas importantes o oportunidades de venta.

También permite la creación de **listas inteligentes**, que son segmentaciones automáticas de prospectos y clientes según ciertos criterios, como el tipo de póliza, fechas de renovación o interacciones previas. Estas listas permiten **enviar campañas de marketing personalizadas** y oportunas, enfocadas en necesidades específicas de cada cliente. Por ejemplo, puedes dirigir una campaña de **venta cruzada** a clientes que ya tienen una póliza de vida, pero que podrían estar interesados en adquirir una de salud o auto. Estas automatizaciones aumentan las oportunidades de venta y mejoran la relación con el cliente.

Implementar un CRM no solo ahorra tiempo, sino que también

permite **escalar** las operaciones del despacho de seguros, haciendo que el negocio sea más eficiente y rentable, todo mientras se ofrece un servicio personalizado y de alta calidad.

APALÁNCATE DE LA INTELIGENCIA ARTIFICIAL

La **inteligencia artificial (IA)** está transformando la forma en que los agentes de seguros gestionan y optimizan su negocio. Al incorporar IA en los procesos de ventas, puedes automatizar tareas repetitivas y obtener información valiosa sobre tus prospectos y clientes. Herramientas basadas en IA permiten analizar grandes volúmenes de datos para predecir comportamientos de los prospectos, identificar oportunidades de venta y mejorar las interacciones a través de la personalización.

Por ejemplo, los **chatbots** impulsados por IA pueden manejar preguntas frecuentes y capturar leads de manera eficiente, mientras que los algoritmos de **machine learning** pueden segmentar prospectos automáticamente, ayudándote a priorizar a aquellos más cercanos a la compra. Además, la IA permite optimizar campañas de marketing ajustando el contenido y el momento exacto de envío, incrementando la efectividad de las estrategias.

Al apalancarte de la IA, tu despacho de seguros puede **escalar más rápido**, ya que te permite optimizar el uso de tus recursos, mejorar la relación con los clientes, y enfocar tus esfuerzos en tareas de mayor valor, como el cierre de ventas. La IA es un complemento poderoso que mejora la eficiencia operativa y te permite ser más competitivo en un entorno cada vez más digital.

USO DE AUTOMATIZACIONES

El **uso de automatizaciones** en un despacho de seguros permite realizar tareas repetitivas de manera eficiente, liberando tiempo y recursos para enfocarse en lo más importante: las ventas y la atención al cliente.

Las automatizaciones pueden incluir el envío de **correos electrónicos de seguimiento**, o whatsapp con recordatorios automáticos para renovaciones de pólizas, o la programación de citas sin intervención manual. Estos procesos no solo incrementan la eficiencia operativa, sino que también aseguran que ninguna oportunidad se pierda, ya que todo está gestionado de manera consistente y precisa.

Además, las automatizaciones son clave para escalar el negocio de manera predecible. Por ejemplo, en la **prospección automatizada**, puedes nutrir a los prospectos con campañas de email marketing personalizadas basadas en su comportamiento e intereses, sin tener que realizar un seguimiento manual para cada cliente potencial. El resultado es una mayor tasa de conversión con menos esfuerzo.

Otro aspecto crucial es la **integración entre herramientas**, lo que permite que todos los datos y procesos fluyan de manera sincronizada. Esta conexión hace que el despacho funcione como una máquina bien engrasada, donde cada pieza está alineada para optimizar resultados y minimizar errores humanos.

En resumen, las automatizaciones no solo mejoran la eficiencia del despacho, sino que permiten al agente de seguros **enfocarse en lo que realmente importa**: cerrar más ventas y ofrecer un servicio excepcional a sus clientes.

NETUS LEAD MACHINE, TU APALANCAMIENTO TECNOLÓGICO

NetUs Lead Machine es la solución tecnológica ideal para que los agentes de seguros automaticen su prospección y mejoren la gestión de clientes, optimizando todos los procesos del despacho. Esta plataforma todo en uno permite centralizar las comunicaciones de los canales más importantes, como **WhatsApp, correo electrónico, Facebook, Instagram y SMS**, asegurando que cada interacción con prospectos y clientes esté completamente controlada y alineada.

Gracias a sus potentes herramientas de automatización, **NetUs Lead Machine** facilita la creación de **campañas de marketing automatizadas** y el seguimiento personalizado de los prospectos. Esto garantiza que las oportunidades no se pierdan, permitiendo que los prospectos interactúen contigo y programen citas sin necesidad de intervención manual. Además, puedes **integrar formularios, landing pages y embudos de ventas**, lo que permite atraer clientes cualificados desde distintos canales.

Para la industria de seguros, esta plataforma ofrece un gran valor: la **segmentación inteligente de clientes** permite generar campañas personalizadas basadas en las características y necesidades de cada cliente, lo que impulsa la venta cruzada y la renovación de pólizas. También optimiza la organización de citas, asegurando que tu agenda esté llena de reuniones con clientes potenciales cualificados sin tener que dedicar tiempo a la programación.

NetUs Lead Machine es más que una simple herramienta de gestión; es un **sistema completo de automatización** diseñado para escalar tu negocio de seguros, aumentar las ventas y maximizar el uso de tu tiempo, todo desde una plataforma integrada que optimiza la eficiencia operativa y aumenta las oportunidades de venta.

Si deseas saber más sobre la plataforma tecnológica **NetUs Lead Machine**, aquí te dejo el código QR que te llevará a la web correspondiente.

TAREAS PARA IMPLEMENTAR:

1. **Establece procesos automatizables**: Identifica las actividades diarias que pueden ser automatizadas, como el seguimiento de prospectos, la programación de citas o el envío de recordatorios a los clientes.
2. **Configura un CRM**: Implementa un sistema CRM que centralice la información de prospectos y clientes, te ayude a organizar listas inteligentes y facilite la venta cruzada.
3. **Integra la IA en tus campañas**: Investiga y aplica herramientas de inteligencia artificial para la segmentación automática de prospectos y la optimización de tus campañas de marketing.
4. **Automatiza el marketing**: Diseña y lanza campañas automatizadas de email y SMS que se ajusten a las necesidades de tus prospectos y clientes actuales.
5. **Explora NetUs Lead Machine**: Si aún no lo has hecho, explora cómo **NetUs Lead Machine** puede centralizar tus canales de comunicación y optimizar la captación y seguimiento de prospectos.

Estas tareas te permitirán empezar a implementar el apalancamiento tecnológico en tu despacho de seguros y hacer crecer tu negocio de manera predecible y escalable.

CAPÍTULO 5: EL SISTEMA DE PROSPECCIÓN AUTOMATIZADA EN SEGUROS

COMO DESCUBRIMOS EL SISTEMA DE PROSPECCIÓN AUTOMATIZADA

Durante más de 18 años, nos hemos especializado en marketing y la venta de sistemas en línea para diversas industrias. En este proceso, hemos perfeccionado la creación de estrategias de marketing, la estandarización de procesos operativos mediante el uso de tecnología, y la automatización de la prospección de clientes por internet.

A lo largo de los años, hemos hecho un **cambio de mentalidad empresarial** que nos ha llevado a sistematizar para escalar. Hemos llegado a la conclusión de que para escalar un negocio, necesitas un **sistema de ventas predecible**. Hemos implementado sistemas como **CRM**, que no solo nos permiten captar prospectos de manera efectiva, sino también automatizar el seguimiento, logrando que ellos mismos programen reuniones en nuestra agenda virtual en los horarios que mejor les convienen. Esto nos ha permitido **maximizar la eficiencia y cerrar ventas** de manera consistente mediante reuniones virtuales.

Sin embargo, una situación personal ocurrió hace algunos años cuando, en plena pandemia, un amigo y antiguo cliente, agente de seguros, nos pidió ayuda para seguir operando virtualmente, haciendo adaptaciones a su CRM.

En una de las reuniones virtuales que tuvimos, me dio curiosidad el porqué no vendía seguros por internet. Me dijo que ya lo había intentado en dos ocasiones, que no se podía y que en sus intentos pasados solo había perdido tiempo y dinero. Le dije que no lo podía creer, que nosotros llevábamos más de 14 años vendiendo por internet, que era perfectamente factible y que la pandemia era el momento perfecto para probarlo. Así que hicimos los cambios que nos pidió en aspectos operativos y nos enfocamos en probarle que **vender seguros por internet también era factible**.

Fue entonces que, con ayuda de mis colaboradores del equipo

de **NetUs**, decidimos aplicar todo nuestro conocimiento y experiencia para crear un sistema automático de prospección específicamente diseñado para la industria de seguros.

Al principio, intentamos varias estrategias de marketing, desde publicaciones constantes en redes sociales hasta campañas de email marketing y webinars. Aunque estos métodos funcionaban hasta cierto punto, nos dimos cuenta de que no eran suficientes para alcanzar las metas que buscábamos. **Eran agotadores** y los resultados no estaban a la altura de nuestras expectativas.

La **revelación** nos llegó cuando comprendimos que los agentes de seguros no necesitan estar en todas partes para tener éxito, no necesitan estar publicando todo el tiempo en sus redes sociales, solo necesitan un **sistema simple**, que les permita sistemáticamente **ganar confianza con sus prospectos**. Al fin y al cabo, la venta no es otra cosa que un intercambio de confianza.

La clave consiste en estar en el lugar adecuado, con la tecnología correcta, que permita **automatizar y escalar las operaciones**. Y no es que las redes sociales o el email marketing, u otras estrategias, no funcionen, sino que deben ser utilizados en la secuencia correcta para generar **resultados medibles, rentables y predecibles**.

Después de mucha prueba y error, y ayudar a varios despachos de seguros más, nació el **Sistema de Prospección Automatizada en Seguros**. Un sistema diseñado específicamente para que los agentes puedan enfocarse en lo que realmente importa: **brindar un servicio excepcional a sus clientes y cerrar ventas**.

Además, les enseñamos a los agentes que lo único que tienen que cuidar en el marketing digital es que el **costo promedio para adquirir un nuevo cliente siempre debe ser menor a las comisiones y bonos** que dicho cliente les haga ganar. Mientras esta regla se cumpla, podrán invertir de manera infinita para atraer más y más clientes. Es decir, por cada peso que inviertas, ¿cuántos pesos estás obteniendo de regreso?

Este sistema no solo **optimiza la captación de prospectos**, sino que también simplifica todo el proceso de ventas, permitiendo a los agentes maximizar su tiempo y sus resultados.

Después de ayudar a este primer agente de seguros, hemos ayudado a muchos más por recomendación. Así que ahora **NetUs** solo ayuda a agentes de seguros a implementar una **estrategia de marketing probada** que les permite construir su sistema predecible de prospección y ventas. A cambiar el autoempleo por una **mentalidad empresarial**, porque la única manera de escalar cualquier negocio es **estableciendo un sistema de ventas predecible**.

EL SISTEMA DE PROSPECCIÓN QUE TRABAJA 24/7, ATRAYENDO PROSPECTOS CUALIFICADOS CONSTANTEMENTE

El **Sistema de Prospección Automatizada en Seguros** está diseñado para operar de manera continua, capturando prospectos cualificados a cualquier hora del día, los siete días de la semana. Su fuerza radica en la **automatización completa del ciclo de prospección**, desde la atracción inicial del prospecto hasta la conversión en una cita agendada. Utiliza **embudos de marketing automatizados** que combinan diversas tácticas, como formularios de contacto en landing pages, campañas de email marketing, y anuncios dirigidos en redes sociales.

El proceso inicia con la **captación de prospectos** a través de múltiples canales, como anuncios en redes sociales o formularios en tu sitio web, donde los prospectos interesados ingresan su información. A partir de ahí, el sistema CRM segmenta automáticamente a los prospectos según su comportamiento e intereses, priorizando aquellos más cercanos a tomar una decisión de compra.

Una vez identificados, el sistema comienza a **nutrirlos** con contenido automatizado, como correos electrónicos informativos, recordatorios de citas y mensajes personalizados que los guían a lo largo del embudo de ventas, acercándolos gradualmente a tomar una decisión de compra. Al estar completamente automatizado, el sistema asegura que los prospectos reciban el **mensaje correcto en el momento adecuado**, maximizando las oportunidades de conversión sin intervención manual.

Una de las grandes ventajas es que **automatiza el seguimiento**, enviando recordatorios automáticos y permitiendo que los prospectos mismos programen reuniones virtuales o telefónicas en tu agenda, de acuerdo con sus horarios. Esto no solo aumenta las tasas de conversión, sino que también reduce el tiempo que dedicas a tareas operativas, permitiéndote centrarte en el cierre de ventas.

Además, el sistema está diseñado para medir el **rendimiento** de cada acción, lo que te permite analizar cuáles estrategias están funcionando mejor y ajustar en tiempo real para maximizar los resultados. En resumen, este sistema automatizado permite a los agentes de seguros atraer prospectos cualificados constantemente, optimizar su tiempo y asegurar un flujo continuo de oportunidades de venta, sin necesidad de un esfuerzo diario manual.

Si deseas conocer a más detalle el **Sistema de Prospección Automatizada en Seguros** aquí te dejamos el código QR para que puedas registrarte y ver el entrenamiento gratuito que ofrece NetUs a los agentes de seguros.

PROCESO DE IMPLEMENTACIÓN PASO A PASO DEL SISTEMA

Implementar un **Sistema de Prospección Automatizada en Seguros** es clave para garantizar un flujo constante de prospectos cualificados. A continuación, te explico el proceso paso a paso:

1. Evaluación Y Selección De Herramientas

El primer paso es elegir las **herramientas tecnológicas** adecuadas para tu despacho, como un CRM y plataformas de automatización de marketing. Estas herramientas deben integrarse fácilmente para que los datos fluyan de forma coherente.

2. Mapeo Del Ciclo De Ventas

Define y documenta el **proceso de ventas** de tu negocio. Esto incluye cómo captas prospectos, cómo los nutres con contenido automatizado, y cómo conviertes prospectos en clientes. El ciclo debe ser claro y predecible, de modo que puedas automatizar cada etapa.

3. Creación De Embudos De Prospección Automatizados

El siguiente paso es diseñar los **embudos de marketing** para captar y nutrir prospectos. Esto implica crear **landing pages**, formularios de contacto y campañas de email marketing. Asegúrate de que los prospectos ingresen automáticamente al CRM cuando proporcionen su información, y que sean segmentados correctamente.

4. Automatización Del Seguimiento

Configura la automatización para que los prospectos reciban **seguimiento automático**, como correos personalizados, mensajes recordatorios y contenido que les guíe en su decisión de compra. Aquí es importante configurar recordatorios automáticos de citas y permitir que los prospectos agenden reuniones en tu calendario virtual.

5. Monitoreo Y Optimización

Implementa herramientas de **medición** para analizar el **rendimiento de cada embudo** y campaña. Monitorea métricas clave como tasas de conversión, tiempo de respuesta y costo por adquisición de cliente. A partir de estos datos, ajusta las campañas para optimizar el sistema y aumentar la efectividad.

Al implementar estos pasos, podrás establecer un **sistema automatizado de prospección** que trabaje de forma constante, atrayendo prospectos cualificados y optimizando el ciclo de ventas, lo que te permitirá escalar tu despacho sin aumentar la carga de trabajo manual.

IDENTIFICACIÓN DE LAS BARRERAS COMUNES AL ADOPTAR UN SISTEMA AUTOMATIZADO DE PROSPECCIÓN

Al implementar un **sistema automatizado de prospección**, los agentes de seguros pueden enfrentar varias barreras que dificultan su adopción. Una de las más comunes es el **miedo al cambio tecnológico**, especialmente si los agentes o sus equipos están acostumbrados a métodos manuales o tradicionales. Existe una percepción de que la tecnología puede ser complicada de aprender o que los sistemas pueden fallar, lo que podría afectar la calidad del servicio.

Otro obstáculo es la **resistencia interna del equipo**. Algunos colaboradores pueden temer que la automatización les quite responsabilidades o incluso su empleo, generando sabotaje o rechazo al cambio. Este temor es especialmente común en equipos que llevan mucho tiempo operando con procesos manuales y que temen perder control sobre sus tareas o sus empleos.

También está el **temor a la inversión inicial**. Implementar un sistema automatizado requiere una inversión en plataformas tecnológicas como CRM, herramientas de automatización de marketing y capacitación del personal. Sin la certeza de resultados inmediatos, muchos agentes dudan en comprometerse financieramente.

Por último, la **curva de aprendizaje** también puede ser una barrera. Adoptar un nuevo sistema tecnológico implica tiempo y esfuerzo para aprender a usar correctamente las herramientas. Para aquellos que no están familiarizados con la tecnología, puede resultar abrumador.

Superar estas barreras requiere **educación gradual**, demostrando los beneficios a corto y largo plazo, y capacitando adecuadamente a los equipos para que se adapten al nuevo sistema, comprendiendo que la automatización complementa su trabajo en lugar de sustituirlo.

Para superar estas barreras y asegurarte de implementar correctamente el **sistema automatizado de prospección**, es fundamental contar con el **apoyo de un coach especializado** que te guíe paso a paso. Un coach no solo te ayudará a dominar las herramientas tecnológicas, sino que también te brindará el acompañamiento necesario para adaptar el sistema a tu negocio y superar los obstáculos de manera eficiente. Con la orientación adecuada, no solo ahorrarás tiempo y esfuerzo, sino que podrás escalar tu despacho de forma segura y predecible.

TAREAS PARA IMPLEMENTAR:

1. **Identifica los canales de captación de prospectos**: Define qué plataformas (redes sociales, anuncios, landing pages) utilizarás para atraer prospectos a tu sistema automatizado.
2. **Crea un embudo de ventas automatizado**: Diseña el recorrido del prospecto desde que entra en tu sistema hasta que agenda una cita, asegurándote de automatizar cada etapa del proceso.
3. **Implementa un CRM**: Integra un CRM que organice y segmente automáticamente a los prospectos según su comportamiento e intereses.
4. **Automatiza el seguimiento**: Configura correos electrónicos automáticos para nutrir a los prospectos y recordatorios de citas.
5. **Monitorea y ajusta tu sistema**: Analiza regularmente las métricas de conversión para optimizar tu sistema automatizado de prospección.

CAPÍTULO 6: VENTA DIGITAL DE SEGUROS

LA VENTA ES UN INTERCAMBIO DE CONFIANZA

En el mundo de los seguros, la confianza es la base sobre la cual se construye toda relación comercial. Los clientes no solo buscan un producto o servicio, buscan seguridad y tranquilidad, y esto solo se logra cuando confían en el agente. La venta en seguros no es simplemente un acto transaccional, sino un **intercambio de confianza**. El cliente deposita su seguridad financiera en manos del agente, quien debe demostrar conocimiento, transparencia y compromiso.

Para lograr este intercambio, es fundamental que el agente **genere credibilidad** desde el primer contacto. Esto implica una comunicación clara, una presentación transparente de las opciones y un interés genuino en las necesidades del cliente. Cuando el cliente siente que el agente lo escucha y comprende sus preocupaciones, es más probable que se sienta cómodo al tomar decisiones.

La confianza también se construye con el **seguimiento adecuado**, manteniendo al cliente informado y mostrando que su bienestar está siempre en primer plano. Al establecer una relación de confianza a largo plazo, no solo se facilita la venta inicial, sino que también se abre la puerta a futuras oportunidades, como la renovación de pólizas y la venta cruzada de productos.

En resumen, la venta de seguros es más que ofrecer un producto, es una oportunidad para crear un vínculo sólido y confiable, donde el agente demuestra su capacidad para proteger los intereses del cliente, lo que asegura una relación comercial fructífera a largo plazo.

ASPECTOS TÉCNICOS A CONSIDERAR EN LAS VENTAS DIGITALES

Al realizar ventas digitales de seguros, la **presentación profesional** del agente es tan importante como el conocimiento técnico del producto. Aquí algunos aspectos esenciales que deben considerarse para generar confianza y asegurar una experiencia positiva durante las videoconferencias de ventas.

1. **Presentación personal y entorno**: La imagen del agente debe transmitir profesionalismo. Esto incluye vestimenta adecuada, fondo limpio y libre de distracciones, y una iluminación que resalte bien el rostro. La **iluminación** debe ser frontal y suave, evitando sombras fuertes.
2. **Equipo tecnológico adecuado**: Contar con un **equipo de cómputo moderno** es vital para evitar interrupciones durante la videollamada. La **cámara** debe tener buena resolución y estar colocada a la altura de los ojos, lo que crea una sensación de contacto visual directo con el prospecto. Asimismo, es importante revisar el **audio** con antelación para asegurarse de que se escuche claramente, y usar auriculares si es necesario para mejorar la calidad.
3. **Entorno profesional**: Es importante elegir un espacio sin ruido ni distracciones visibles, ya que el prospecto debe sentir que está recibiendo toda tu atención. Además, siempre es recomendable invitar al prospecto a encender su cámara para fomentar una comunicación más cercana y directa.
4. **Interacción con la cámara**: Al mirar directamente a la cámara del dispositivo, se crea un ambiente de confianza, ya que el prospecto percibe que le estás hablando directamente. Evita mirar continuamente tu pantalla o a los costados para no perder el foco de la

conversación.

5. **Verificación de herramientas y visibilidad**: Antes de la videollamada, asegúrate de que los elementos que proyectarás, como presentaciones o simulaciones, tengan buena visibilidad. Si vas a compartir pantalla, verifica que las ventanas que vas a mostrar estén ordenadas y preparadas.
6. **Uso del CRM en tiempo real**: Durante la videollamada, ten abierto tu **CRM** para consultar o actualizar la información del prospecto. Esto te permitirá personalizar la conversación y registrar información clave de manera inmediata, lo que mejorará la eficiencia y la percepción profesional.

CHECKLIST PARA VENTAS DIGITALES EXITOSAS

- ☐ Vestimenta profesional y fondo sin distracciones.
- ☐ Buena iluminación frontal y ajustada.
- ☐ Equipo de cómputo actualizado con cámara y audio de buena calidad.
- ☐ Cámara colocada a la altura de los ojos.
- ☐ Espacio tranquilo, sin ruidos.
- ☐ Invitar al prospecto a encender su cámara.
- ☐ Mirar a la cámara para crear contacto visual.
- ☐ Verificar la visibilidad del material proyectado.
- ☐ Tener el CRM abierto para actualizar datos en tiempo real.
- ☐ Comprobar el funcionamiento del audio y la cámara antes de la videollamada.

Este enfoque garantiza que tanto tu presentación como tu tecnología trabajen a favor de una experiencia profesional y confiable para el prospecto.

PRESENTAR LA EMPRESA, ANALIZAR NECESIDADES Y PRESENTAR EL PRODUCTO

Al iniciar la reunión con un prospecto, es crucial **presentar brevemente tu despacho** y la aseguradora con la que colaboras. Menciona la **trayectoria** de tu despacho y tu enfoque personalizado para cada cliente, resaltando los valores fundamentales de confianza y compromiso. De igual forma, destaca brevemente la solidez y reputación de la aseguradora, reforzando la seguridad que ofrece el producto financiero.

Una vez presentada la empresa, pasa a la fase de **análisis de necesidades**. Aquí, realiza preguntas que permitan identificar las preocupaciones y prioridades del prospecto, como sus objetivos financieros, sus preocupaciones sobre la protección familiar, o sus planes a largo plazo. Este análisis no solo profundiza la relación, sino que te da la información necesaria para **personalizar la oferta**.

Después de entender sus necesidades, es el momento de **presentar el producto** que mejor se adapta a su situación. Haz énfasis en cómo resuelve sus problemas específicos y agrega valor a su vida financiera, alineando los beneficios del producto con las necesidades expresadas por el prospecto. Personaliza la presentación del producto destacando características que impacten directamente en sus objetivos a largo plazo.

Ofrece ejemplos de **casos de éxito** o testimonios que refuercen la eficacia del producto, generando confianza y seguridad en la decisión del prospecto. Al seguir este enfoque estructurado, aseguras que el cliente no solo sienta confianza en la empresa, sino que vea claramente cómo el producto propuesto resolverá sus necesidades específicas.

Después de presentar el producto y alinearlo con las necesidades del prospecto, es importante buscar el **cierre desde la primera cita**. Aunque algunos prospectos necesitan tiempo para reflexionar, otros ya han hecho su investigación previa y están listos para tomar una decisión. Por eso, debes preguntar de manera directa y natural: **"¿Deseas llenar tu solicitud?"**. Esta pregunta facilita el proceso de cierre, ya que detecta si el prospecto está listo para avanzar en la compra, optimizando el tiempo y evitando pasos innecesarios.

En resumen utiliza estos 5 pasos:

1. **Presenta brevemente tu despacho y la aseguradora**: Enfatiza experiencia, confianza y valores clave.
2. **Realiza el análisis de necesidades**: Haz preguntas para identificar las prioridades y objetivos del prospecto.
3. **Presenta el producto financiero adecuado**: Explica cómo se ajusta a sus necesidades y resuelve sus problemas específicos.
4. **Refuerza con casos de éxito**: Utiliza testimonios o ejemplos de clientes que se beneficiaron del producto.
5. **Busca el cierre desde la primera cita**: Pregunta de manera directa: **"¿Deseas llenar tu solicitud?"** para avanzar en la compra.

PRACTICA, PRACTICA, PRACTICA COMO UN PROFESIONAL: EL ROLEPLAY

El **roleplay** es una de las herramientas más poderosas para perfeccionar tus habilidades de venta, y el modelo que propone **Jack Daly** en su libro *Hyper Sales Growth* ofrece un enfoque estructurado y efectivo. Daly sugiere que en cada sesión de roleplay participen tres personas, cada una con un rol clave: **comprador**, **vendedor** y **observador**. Esta dinámica no solo ayuda a los participantes a mejorar en sus respectivos roles, sino que también proporciona un aprendizaje integral al observar distintas perspectivas.

1. **El vendedor** tiene la oportunidad de practicar la presentación del producto, enfocándose en cómo comunicar valor, resolver dudas y superar objeciones de manera efectiva. Al simular una venta en un entorno controlado, puede afinar sus habilidades de comunicación y cerrar con más confianza en situaciones reales.
2. **El comprador** juega el rol del prospecto, cuestionando al vendedor y presentando objeciones comunes que surgirían en una situación de venta real. Esto no solo ayuda a anticipar y manejar mejor las inquietudes del cliente, sino que también refuerza la empatía, ya que el vendedor puede entender las preocupaciones del cliente desde otra perspectiva.
3. **El observador** es crucial para brindar una retroalimentación imparcial y constructiva. Al observar la interacción desde una perspectiva externa, puede identificar fortalezas y áreas de mejora, enfocándose en la dinámica, el lenguaje corporal, la claridad del mensaje y la capacidad de respuesta del vendedor.

Este enfoque asegura que cada participante pueda mejorar

continuamente su desempeño, recibiendo comentarios en tiempo real. Al repetir estos ejercicios, se desarrollan habilidades como la **capacidad de improvisar**, adaptarse rápidamente a diversas situaciones y manejar con destreza cualquier objeción que el prospecto presente.

Jack Daly recalca que la clave del éxito en ventas está en la **práctica constante**, y el roleplay permite hacerlo en un entorno sin riesgos. Mientras más practiques, más natural se volverá la presentación, lo que te permitirá actuar con mayor **confianza y profesionalismo** en situaciones reales. Además, el roleplay fomenta un aprendizaje colaborativo, ya que todos los participantes se benefician al desempeñar distintos roles y obtener una visión más amplia de la dinámica de ventas.

Finalmente, la repetición y el aprendizaje continuo mediante el roleplay ayudan a pulir las técnicas de venta, permitiendo que los agentes se vuelvan más persuasivos, seguros y efectivos en cada interacción con sus clientes.

Si no tienes con quien practicar revisa el **regalo que NetUs** te obsequia **al final del libro**. Seguro que ahí encontrarás con quien practicar.

TAREAS PARA IMPLEMENTAR:

1. **Optimiza tu espacio de videoconferencia**: Ajusta la iluminación, posición de la cámara, y elimina distracciones para proyectar una imagen profesional durante las ventas digitales.
2. **Verifica tu equipo**: Asegúrate de que tu computadora, audio, cámara y conexión a internet estén en óptimas condiciones antes de cada videollamada.
3. **Practica roleplay regularmente**: Implementa sesiones de roleplay con el modelo de Jack Daly (vendedor, comprador y observador) para mejorar tus habilidades de presentación y manejo de objeciones.
4. **Crea un guion de preguntas**: Desarrolla preguntas clave para identificar las necesidades del prospecto antes de presentar el producto financiero.
5. **Haz pruebas de cierre directo**: Practica preguntar "¿Deseas llenar tu solicitud?" desde la primera cita para identificar prospectos listos para comprar.

CAPÍTULO 7: LA IMPORTANCIA DE LAS MÉTRICAS EN EL MARKETING DIGITAL PARA SEGUROS

¿CÓMO SABER SI TU ESTRATEGIA ESTÁ FUNCIONANDO? EL SEGUIMIENTO DE KPIS

El seguimiento de **KPIs (Key Performance Indicators)** a lo largo del **funnel de ventas** es esencial para entender si tu estrategia de marketing digital está funcionando y optimizar el rendimiento. Estos indicadores no solo te permiten medir el éxito de tus campañas, sino también detectar áreas que requieren ajustes y garantizar que tu inversión esté generando resultados rentables. A continuación, te detallo los KPIs clave en el orden en que aparecen en el proceso:

1. Tasa De Clics (Ctr)

La **tasa de clics (CTR)** es el primer indicador que mide la efectividad de tus anuncios. Representa el porcentaje de personas que hacen clic en tus anuncios o enlaces en comparación con quienes los ven. Un CTR alto indica que el contenido de tus anuncios es atractivo y está captando la atención correcta. Si el CTR es bajo, debes ajustar los mensajes, las imágenes o la segmentación de tu audiencia.

2. Prospectos Obtenidos

El siguiente paso es medir cuántos **prospectos** o leads has captado después de que hicieron clic en tus anuncios. Aquí es crucial evaluar la calidad de los prospectos: si están interesados en recibir información adicional o si solo interactuaron por curiosidad. Este KPI te indica si tus campañas están llegando a la audiencia adecuada y si tu landing page o formulario de contacto está bien optimizado para convertir visitantes en leads.

3. Citas Concertadas Para Asesoría

Una vez captados los prospectos, mide cuántos han avanzado al siguiente paso de tu embudo: **concertar una cita** para una asesoría. Este KPI es crítico porque muestra cuántos prospectos están lo suficientemente interesados como para iniciar una conversación directa sobre sus necesidades. Si el número es bajo, puede que sea necesario ajustar el llamado a la acción o mejorar el seguimiento de los leads.

4. Asesorías Realizadas

No todas las citas concertadas se llevan a cabo. Por eso, medir cuántas **asesorías se realizan efectivamente** es un indicador clave de compromiso. Este KPI refleja el interés real del prospecto en avanzar en el proceso de compra. Un número bajo de asesorías realizadas puede indicar problemas en la programación o en la comunicación con el prospecto antes de la cita.

5. Solicitudes Ingresadas

Después de realizar la asesoría, el siguiente KPI clave es cuántos prospectos ingresan una **solicitud formal** de producto financiero o seguro. Aquí es donde se mide el éxito de tu presentación y habilidad para manejar objeciones. Si pocas asesorías se convierten en solicitudes, puede ser necesario ajustar el enfoque de la asesoría o trabajar en la capacitación de ventas.

6. Pólizas Emitidas

El KPI de **pólizas emitidas** mide cuántas de las solicitudes ingresadas se convierten en ventas concretas. Este KPI te muestra la efectividad de tu proceso de cierre de ventas. Si este número es bajo, puede que haya problemas con el seguimiento, la documentación o la rapidez del proceso para emitir pólizas.

7. Pólizas Pagadas

Finalmente, es fundamental medir cuántas de las pólizas emitidas han sido **pagadas por completo**. Este KPI refleja las ventas efectivas y completadas. Es importante asegurarse de que no haya retrasos en el pago y que el cliente esté satisfecho con el proceso.

Costo Por Adquisición De Cliente (Cpa)

Un KPI transversal en todo este proceso es el **costo por adquisición de cliente (CPA)**. Este indicador mide cuánto estás invirtiendo para adquirir un cliente, y es esencial compararlo con las **comisiones y bonos** que ese cliente te genera. Para que tu estrategia sea rentable, el CPA debe ser significativamente menor que los ingresos que cada cliente aporta. Un CPA elevado te señala la necesidad de optimizar tus campañas y reducir costos sin comprometer la calidad de los leads.

Herramientas De Medición

Para realizar un seguimiento eficiente de estos KPIs, es crucial contar con un sistema o herramienta de gestión como un **CRM** que permita monitorear cada fase del embudo de ventas, desde el primer clic hasta el cierre de la póliza pagada. Estas herramientas no solo ayudan a centralizar la información, sino también a generar reportes automáticos que facilitan la toma de decisiones basada en datos.

El seguimiento de KPIs no es solo un ejercicio para medir el rendimiento; es un proceso continuo que te permite ajustar tu estrategia en tiempo real para mejorar resultados y garantizar la **rentabilidad de tus campañas**. Asegúrate de monitorear cada fase del embudo de ventas y realizar ajustes cuando sea necesario para que tu estrategia de marketing digital sea efectiva y rentable.

El seguimiento de KPIs no solo te proporciona una visión clara de cómo está funcionando tu estrategia, sino que también te da la capacidad de hacer ajustes en tiempo real para mejorar los resultados. **Evaluar cada fase del funnel**, desde el CTR hasta las pólizas pagadas, te permite identificar las áreas con mayores oportunidades de optimización.

A medida que ajustas tus **tácticas basándote en los KPIs**, transformas cada acción en una decisión estratégica que impulsa tu crecimiento. Este enfoque no solo te hace más eficiente, sino que también convierte tu despacho en una **operación altamente rentable y predecible**.

ANÁLISIS DEL COSTO DE ADQUISICIÓN DEL CLIENTE VS. COMISIONES Y BONOS

El **costo de adquisición de un cliente (CPA)** es una métrica crítica en cualquier estrategia de ventas. Se refiere a la cantidad total que gastas en anuncios de marketing y ventas para atraer a un nuevo cliente. Por otro lado, en la industria de seguros, el ingreso generado por cada cliente proviene de las **comisiones y bonos** asociados a la venta de pólizas. Para que tu estrategia sea rentable, es esencial que el **CPA sea menor que las comisiones y bonos** generados por cada cliente.

Cálculo Del Cpa

El **CPA** se calcula dividiendo todos los costos relacionados con la adquisición de nuevos clientes (marketing, campañas publicitarias, herramientas, salarios de ventas) entre el número de clientes adquiridos en ese período. Por ejemplo:

$$CPA = \frac{\text{Gasto total de marketing y ventas}}{\text{Número de clientes adquiridos}}$$

Si tu CAC es muy alto, significa que estás gastando más de lo que ganas por cada cliente, lo que puede hacer insostenible tu estrategia a largo plazo.

Comisiones Y Bonos Generados

Las **comisiones** son el ingreso directo que recibes por la venta de cada póliza, mientras que los **bonos** son incentivos adicionales que las aseguradoras otorgan cuando alcanzas ciertos volúmenes de ventas. Estos ingresos deben ser comparados con el CAC para asegurar la rentabilidad.

EJEMPLOS DE CÓMO MEDIR Y OPTIMIZAR EL ROI EN CAMPAÑAS DE MARKETING DIGITAL

Ejemplo Práctico

Supongamos que tu **CPA** es de $1,000 por cliente, pero por cada cliente adquieres una comisión promedio de $2,000 y un bono adicional de $500, lo que te da un ingreso total de $2,500. En este caso, tu estrategia es rentable, ya que el ingreso generado ($2,500) es mayor que el CPA ($1,000), lo que deja un margen de ganancia de $1,500.

Optimización Del Cpa

Si el CPA es demasiado alto, es crucial optimizar las estrategias de marketing y ventas. Esto puede implicar mejorar la segmentación de los prospectos, ajustando las campañas de marketing digital para aumentar la eficiencia, o incluso automatizando procesos para reducir costos operativos. Reducir el CPA sin afectar la calidad de los leads es clave para mejorar la **rentabilidad del negocio**.

El equilibrio entre el **costo de adquisición del cliente** y las **comisiones y bonos generados** es uno de los aspectos más importantes en la estrategia de ventas de seguros. Un CAC demasiado alto puede erosionar las ganancias, mientras que un buen manejo de las comisiones y bonos asegura la rentabilidad. Monitorear ambos factores de cerca te permitirá ajustar tus tácticas de marketing y ventas para maximizar el retorno de inversión.

TAREAS PARA IMPLEMENTAR:

1. **Establece KPIs claros**: Define KPIs como el CTR, prospectos obtenidos, citas concertadas, y pólizas emitidas para medir cada fase del funnel de ventas.
2. **Realiza un análisis de CPA**: Calcula tu **Costo por Adquisición (CPA)** y asegúrate de que sea menor a las comisiones y bonos que recibes por cada cliente.
3. **Monitorea continuamente**: Implementa herramientas de seguimiento, como un CRM, que te permitan medir y ajustar en tiempo real los KPIs clave.
4. **Optimiza campañas de marketing**: Ajusta las estrategias de marketing digital según los KPIs para maximizar la captación de prospectos y reducir costos.
5. **Revisa comisiones y bonos**: Asegúrate de que cada venta genere ingresos suficientes para mantener la rentabilidad de tus campañas.

CAPÍTULO 8: EL FUTURO DEL DESPACHO DE SEGUROS - CRECIMIENTO SOSTENIDO

CÓMO LA AUTOMATIZACIÓN Y EL USO DE TECNOLOGÍA GENERAN UN CRECIMIENTO CONTINUO Y SOSTENIBLE

El uso de **tecnología y automatización** permite a los despachos de seguros escalar sus operaciones sin aumentar proporcionalmente los costos o el esfuerzo manual. La automatización de tareas como la **prospección de clientes, el seguimiento automatizado, la gestión de citas y la administración de pólizas** libera tiempo para que los agentes se enfoquen en lo más importante: cerrar ventas y construir relaciones duraderas.

Al eliminar la dependencia de tareas repetitivas, se mejora la eficiencia operativa y se reduce el margen de error humano. Esto permite un **crecimiento predecible**, ya que la automatización garantiza que los procesos clave funcionen de manera continua, independientemente del volumen de trabajo.

TOMA DE DECISIONES BASADA EN DATOS

Además, la tecnología facilita la **toma de decisiones basada en datos**, gracias al análisis de KPIs que permiten identificar áreas de mejora y ajustar la estrategia en tiempo real. Con un sistema automatizado, los despachos pueden asegurar una **captación constante de prospectos cualificados** y mejorar la retención de clientes mediante el uso de CRM y campañas personalizadas.

Imagina que, al analizar los **KPIs** de tu estrategia de marketing digital, descubres que tu **tasa de conversión** (prospectos que completan el proceso de compra) es baja, aunque el **CTR** (tasa de clics en anuncios) es alto. Al profundizar en los datos, notas que la mayoría de los prospectos abandonan el proceso en la fase de **solicitud ingresada**. Gracias a esta información, puedes tomar la decisión de **optimizar la presentación del producto** durante las asesorías o simplificar el proceso de solicitud, lo que resulta en una mejora significativa en el número de pólizas emitidas y pagadas.

Supongamos que al analizar los datos de tu **funnel de ventas**, descubres que el número de **citas concertadas** es significativamente menor al de prospectos obtenidos. Esto indica un problema en la fase de conversión de leads a citas. Al revisar los datos, identificas que el seguimiento automático no está optimizado, y muchos prospectos no están recibiendo recordatorios a tiempo. Con esta información, puedes mejorar la automatización del **seguimiento post-prospección**, implementando recordatorios más efectivos y personalizando los mensajes, lo que aumentará el número de citas programadas.

Un ejemplo más de toma de decisiones basada en datos. Imagina que los datos revelan que, aunque realizas muchas **asesorías**, pocas se convierten en **pólizas emitidas**. Al analizar las reuniones, observas que los prospectos no están convencidos durante la fase de cierre. Esto podría indicar problemas en la **presentación de**

beneficios o en el manejo de objeciones. Con esta información, decides implementar sesiones de capacitación en **técnicas de cierre** y mejorar el **roleplay** para que los agentes practiquen cómo superar objeciones, lo que resulta en un aumento de ventas cerradas exitosamente.

En resumen, la automatización y la tecnología no solo optimizan el proceso operativo, sino que permiten a los despachos crecer de manera sostenible al enfocarse en actividades de alto valor, como la personalización de la experiencia del cliente y la mejora continua de los resultados.

PROYECCIONES DE INGRESOS A LARGO PLAZO APLICANDO EL SISTEMA

Al implementar un **sistema automatizado de prospección** en seguros, no solo optimizas el presente, sino que también te posicionas para un **crecimiento a largo plazo**. Un concepto clave para proyectar ingresos es el **Customer Lifetime Value (CLV)**, que mide el valor total que un cliente aporta a lo largo de su relación con tu despacho. El CLV tiene en cuenta no solo la comisión inicial de la póliza, sino también las oportunidades de **renovación de pólizas, ventas cruzadas y referidos**.

Cuando se utiliza un sistema automatizado para mantener el **seguimiento constante y personalizado**, la **retención de clientes** aumenta, lo que impacta directamente en el CLV. Cuanto más tiempo un cliente permanezca contigo, mayores serán las oportunidades de generar ingresos recurrentes a través de **nuevas pólizas o actualizaciones**. Además, un cliente bien atendido es más propenso a recomendarte a otros, lo que también expande tu **base de prospectos** sin costos adicionales significativos.

Por ejemplo, si cada cliente tiene un CLV estimado de $25,000 y tu sistema automatizado capta 20 nuevos clientes por año, tus ingresos a largo plazo se multiplican no solo por las comisiones iniciales, sino también por la capacidad de **mantener una relación rentable** con esos clientes a lo largo del tiempo. Estas proyecciones pueden escalar conforme se optimiza el proceso y se aprovechan las oportunidades para renovar y hacer **venta cruzada** de nuevos productos financieros.

El **Customer Lifetime Value (CLV)** se calcula estimando el valor total que un cliente aportará a lo largo de su relación con tu despacho de seguros. El cálculo básico del CLV es:

CLV = Ingreso promedio por cliente x No. compras en un periodo - CPA

Por ejemplo, si un cliente te genera $6,000 anuales en comisiones, permanece contigo durante 5 años, y el coste de adquirir y retener al cliente es $500, el CLV sería:

CLV = ($6,000 x 5 años) - $3,200 = $26,800

Este cálculo te permite tener una visión clara de cuánto vale un cliente para tu negocio a largo plazo, ayudándote a tomar decisiones más informadas sobre cuánto puedes invertir en **adquisición y retención** de clientes.

En resumen, al aplicar un sistema automatizado, no solo estás mejorando tus resultados inmediatos, sino que también estás construyendo un **modelo de ingresos sostenible** que se incrementa con cada cliente retenido, proyectando ingresos de manera consistente a largo plazo.

INSPIRACIÓN PARA LOS AGENTES QUE DESEAN ESCALAR SUS NEGOCIOS

Escalar un negocio de seguros puede parecer un desafío abrumador, pero con el enfoque correcto y el uso de la tecnología adecuada, es más alcanzable de lo que parece. El primer paso es adoptar una **mentalidad empresarial**, dejando atrás la idea de ser solo un agente individual y empezando a pensar como un líder que construye un sistema eficiente y repetible. Esto implica **automatizar procesos**, delegar tareas y aprovechar las herramientas tecnológicas para atraer prospectos cualificados de manera continua, sin tener que depender del mercado natural o referidos.

Muchos agentes de éxito han demostrado que la clave está en **invertir en la mejora continua**. La capacitación constante, la implementación de CRM, y la optimización de los **canales de marketing digital** les ha permitido no solo atraer más clientes, sino también ofrecer un servicio excepcional que los diferencia de la competencia. Al enfocarse en mejorar la experiencia del cliente y optimizar cada paso del embudo de ventas, estos agentes han logrado **multiplicar sus ingresos** sin aumentar el esfuerzo manual.

Finalmente, es importante recordar que escalar no significa hacer más trabajo, sino hacerlo de manera más **inteligente y estratégica**. El uso de **sistemas predecibles y automatizados** no solo genera más ventas, sino que también permite a los agentes liberar tiempo para enfocarse en el crecimiento personal y profesional, expandiendo su negocio y alcanzando metas financieras más ambiciosas. Al adoptar esta mentalidad de crecimiento, los agentes pueden **transformar sus despachos** en operaciones rentables y sostenibles a largo plazo.

TAREAS PARA IMPLEMENTAR:

1. **Automatiza tus procesos**: Identifica las áreas donde puedes automatizar la captación de prospectos y el seguimiento, como con un CRM y herramientas de email marketing.
2. **Calcula el CLV**: Realiza el cálculo del **Customer Lifetime Value (CLV)** de tus clientes actuales para entender su valor a largo plazo y ajustar tu estrategia de retención.
3. **Establece proyecciones de crecimiento**: Usa el CLV y el CPA para proyectar ingresos futuros y optimizar la rentabilidad de tus campañas.
4. **Capacitación continua**: Invierte en entrenamientos que te ayuden a mejorar tus técnicas de cierre y manejo de objeciones.
5. **Adopta una mentalidad empresarial**: Enfócate en pensar a largo plazo, delegando tareas y utilizando la tecnología para hacer crecer tu negocio de manera predecible y escalable.

CAPÍTULO 9: ÚNETE A LA MESA DEL MILLÓN

LA "MESA DEL MILLÓN": AGENTES QUE HAN TRANSFORMADO SU VIDA FINANCIERA Y PROFESIONAL APLICANDO ESTE SISTEMA

La "Mesa del Millón" representa a aquellos agentes de seguros que han alcanzado un nuevo nivel de éxito profesional y financiero, aplicando el **Sistema de Prospección Automatizada** y logrando su inclusión en la prestigiosa **Million Dollar Round Table (MDRT)**. Este reconocimiento global es otorgado a los mejores agentes de seguros y asesores financieros, destacando su excelencia en ventas, integridad y servicio.

Al sentarse en la Mesa del Millón, estos agentes no solo han incrementado sus ingresos, sino que también han optimizado su **Customer Lifetime Value (CLV)** y su **Costo por Adquisición (CPA)**, escalando sus negocios de manera sostenible. La MDRT es más que un reconocimiento: es un espacio para aprender y conectar con otros agentes exitosos que comparten la visión de un crecimiento financiero continuo.

Unirse a la **MDRT** no es solo un logro económico, sino también un símbolo de que el agente ha alcanzado un estándar de ética, productividad y servicio que le permite destacar entre sus pares. El sistema automatizado ha sido clave para que estos agentes transformen su despacho de seguros en una máquina de ventas eficiente, enfocada en generar resultados a largo plazo.

Al unirte a la **Mesa del Millón**, estás comprometiéndote no solo con tu éxito personal, sino también con el establecimiento de un **modelo de negocios escalable**, lo que te abre la puerta para seguir creciendo y consolidando tu carrera en el mundo del seguro, todo mientras disfrutas de los beneficios que ofrece la **MDRT**, como acceso a capacitación de alto nivel, networking internacional y el prestigio asociado a este logro.

La Mesa del Millón no es solo un símbolo de éxito financiero, sino también de transformación personal y profesional para los agentes de seguros que han adoptado el **Sistema de Prospección Automatizada**. Estos agentes no solo han multiplicado sus ventas, sino que también han ganado independencia y control sobre su tiempo, permitiéndoles enfocarse en el crecimiento a largo plazo.

Formar parte de la Mesa del Millón significa entrar en una élite de **agentes visionarios** que han decidido dejar atrás las tácticas agotadoras y abrazar una **mentalidad empresarial** que les permite escalar su negocio y liderar la industria.

CONVIÉRTETE EN AGENTE DE CAMBIO EN LA INDUSTRIA

Convertirse en un **agente de cambio en la industria de seguros** no solo implica obtener éxito personal, sino también influir positivamente en la manera en que la industria opera y se adapta al futuro. Al aplicar el **Sistema de Prospección Automatizada**, puedes demostrar que hay formas más eficientes, tecnológicas y humanas de trabajar, sirviendo de ejemplo para otros agentes.

Adoptando tecnologías avanzadas y enfocándote en la automatización, estarás impulsando una **transformación digital** que reduce la dependencia de métodos agotadores y tradicionales, como el mercado natural y los referidos, mostrando que el crecimiento puede ser escalable y sostenible.

Al mejorar tu desempeño y alcanzar logros como ser parte de la **MDRT**, te posicionas como un líder que inspira a otros agentes a modernizar sus prácticas, enfocar su negocio hacia el cliente y aumentar la rentabilidad sin comprometer la calidad del servicio. De esta manera, te conviertes en un **catalizador de cambio** en una industria que tradicionalmente ha sido lenta para adoptar la tecnología, guiando a otros hacia una visión más eficiente y competitiva del futuro del seguro.

La clave es que, al transformar tu propio negocio, contribuyes a **mejorar la percepción de la industria**, empujando a otros a adoptar prácticas éticas, transparentes y más alineadas con las expectativas del consumidor moderno.

INVITACIÓN A TOMAR ACCIÓN

Llegar hasta aquí demuestra que tienes el potencial y las herramientas necesarias para **transformar tu negocio**. Has aprendido cómo la automatización, la tecnología y la planificación estratégica pueden llevarte a **nuevos niveles de éxito**. Ahora es el momento de tomar acción.

No dejes que el miedo al cambio o la inercia te detengan. Grandes resultados requieren **decisiones audaces**. El éxito no espera a quienes se quedan en su zona de confort, sino que favorece a quienes se atreven a implementar **sistemas probados** para crecer y prosperar.

Este es tu momento de **unirte a la Mesa del Millón**, de formar parte del grupo de élite que ha decidido no solo mejorar sus resultados, sino también convertirse en un **agente de cambio en la industria de seguros**. Cada paso que tomes desde ahora te acercará más a lograr tus metas financieras y a disfrutar de la libertad y éxito que este sistema puede brindarte.

Toma acción hoy: Implementa las herramientas y estrategias que has aprendido, haz ajustes en tu modelo de negocio, y comprométete con tu propio crecimiento. El camino está claro, y las oportunidades son infinitas para aquellos que deciden avanzar con confianza.

Recuerda, la verdadera transformación comienza cuando decides dar el primer paso. ¿Estás listo para hacerlo? ¡Es tu momento de brillar y unirte a la Mesa del Millón!

TAREAS PARA IMPLEMENTAR:

1. **Aplica el Sistema de Prospección Automatizada**: Implementa un sistema de automatización que optimice la captación de prospectos, el seguimiento y el cierre de ventas de manera predecible.
2. **Calcula el CPA y CLV**: Monitorea continuamente el **Costo por Adquisición (CPA)** y el **Customer Lifetime Value (CLV)** para asegurar la rentabilidad y eficiencia de tus campañas de marketing.
3. **Comprométete a la mejora continua**: Dedica tiempo a mejorar tus habilidades de cierre, manejo de objeciones y uso de tecnologías como CRM y automatización de marketing.
4. **Fija metas claras**: Establece objetivos ambiciosos, como unirte a la **MDRT**, y utiliza el sistema automatizado para alcanzarlos de manera escalable.
5. **Toma acción inmediata**: No esperes más para implementar los conocimientos adquiridos. Comienza hoy con pequeños ajustes y sigue optimizando tu despacho para lograr un crecimiento sostenido.

REGALO DE NETUS

Como sabes NetUs es una **agencia de marketing digital especializada en la industria de los seguros**. Nos gustaría darte un regalo especial a ti lector de "Únete a la Mesa del Millón".

El regalo es poder **unirte gratuitamente** a la **comunidad "Marketing para Agentes"** que hemos creado para todos aquellos agentes de seguros que deseen empezar ellos o sus colaboradores a sumergirse en el mundo del marketing digital especializado en la industria de seguros. En la comunidad encontrarás **cursos**, acceso a **contenido especial** y podrás unirte a otros agentes de seguros que inician en el mundo del marketing.

Aquí te dejo el código QR para unirte a la comunidad.

PREGUNTAS FRECUENTES

1. ¿Cuánto tiempo toma implementar el Sistema de Prospección Automatizada? El tiempo puede variar según la estructura actual de tu despacho, pero normalmente en **3 a 6 meses** puedes ver resultados significativos si sigues el plan paso a paso.

2. ¿Es necesario tener experiencia tecnológica para usar NetUs Lead Machine? No. La plataforma está diseñada para ser intuitiva. Además, recibirás **soporte y capacitación** para garantizar que la implementación sea sencilla.

3. ¿Puedo seguir utilizando mi CRM actual? Sí, pero recomendamos integrar todas tus herramientas en una sola plataforma para mejorar la **eficiencia** y **automatización**.

4. ¿Qué ocurre si no alcanzo los resultados esperados? El éxito depende de **consistencia y seguimiento**. Recomendamos ajustar las campañas basadas en los datos y hacer mejoras continuas para optimizar resultados.

5. ¿Cómo puedo calcular mi CPA y CLV? Para calcular el **CPA**, divide tu inversión total en marketing por la cantidad de clientes adquiridos. Para el **CLV**, multiplica el ingreso promedio por cliente por la duración estimada de su relación contigo, menos los costos de adquisición y retención.

6. ¿Qué tan pronto puedo empezar a ver resultados con el sistema?
Los resultados dependen de la consistencia en la implementación, pero muchos agentes comienzan a ver **mejoras en 1 a 3 meses**, especialmente en el número de prospectos cualificados.

**7. ¿Necesito un equipo adicional para manejar el sistema

automatizado?

No necesariamente. La **automatización** está diseñada para reducir la carga operativa, pero a medida que creces, podrías considerar delegar tareas específicas.

8. ¿Puedo seguir utilizando estrategias tradicionales de prospección?

Sí, pero el **enfoque automatizado** está diseñado para escalar sin depender exclusivamente de tácticas tradicionales, que pueden ser menos eficientes a largo plazo.

9. ¿Qué sucede si mis prospectos no responden a las campañas automatizadas?

Ajusta el **contenido y la segmentación** de tus campañas. El seguimiento constante y personalizado aumenta las probabilidades de éxito.

10. ¿Cómo puedo manejar la transición si ya tengo procesos tradicionales?

La transición es gradual. Puedes **integrar herramientas automatizadas** poco a poco, combinando ambos enfoques hasta que el sistema esté completamente implementado.

Estas respuestas están diseñadas para resolver las inquietudes más comunes y brindarte claridad a la hora de implementar el sistema.

RECURSOS Y HERRAMIENTAS RECOMENDADAS

Implementar un sistema automatizado requiere las herramientas adecuadas para maximizar tu eficiencia y asegurar resultados. A continuación, te presento algunas herramientas clave que te ayudarán a **escalar tu despacho de seguros**:

1. **NetUs Lead Machine**: Es la plataforma recomendada para apalancarte tecnológicamente. Esta herramienta integra la gestión de clientes, automatización de marketing, y seguimiento de prospectos en una sola plataforma. Ofrece CRM avanzado, campañas automatizadas de email y SMS, y herramientas de ventas para agentes de seguros, todo optimizado para maximizar resultados con menor esfuerzo manual.
2. **Zoom o Google Meet**: Estas plataformas son indispensables para llevar a cabo **videoconferencias profesionales** con prospectos y clientes. Son herramientas confiables para reuniones virtuales, optimizando el tiempo y la productividad.

Estas herramientas son fundamentales para implementar un **sistema automatizado y predecible**, permitiendo que tu negocio de seguros crezca de manera eficiente y sostenible.

Plataforma Netus Lead Machine En Internet

Si deseas saber sobre NetUs Lead Machine, aquí te dejamos el código QR que te llevará a la web correspondiente.

AGRADECIMIENTOS

Este libro es el fruto del apoyo incondicional de muchas personas importantes en mi vida. A mi amada esposa, **Blanca**, y a mis hijas, **Nicole y Naomi**, gracias por el tiempo que me permiten dedicar a los emprendimientos y por su amor incondicional.

A mis primeros clientes: **Samuel Santoyo, Samir Chamán, Ricardo López y Laura Cervantes**, por confiar en mí cuando aún no éramos una agencia especializada en marketing para despachos de seguros.

Un reconocimiento especial a mi amigo y cliente **Samuel Santoyo** que aceptó escribir el prólogo de este libro.

A mi equipo en la agencia, especialmente a **Melitón Miranda, Alex Ramírez y Edwin Vique**, quienes han sido pilares fundamentales en este camino, por su apoyo constante y dedicación incansable. Su esfuerzo es invaluable, y juntos hemos creado una base sólida para el éxito.

Finalmente, agradezco a todos los colaboradores, mentores y amigos que me han ayudado a lo largo de esta travesía. Este libro no hubiera sido posible sin cada uno de ustedes. ¡Gracias!

ACERCA DEL AUTOR

Mario Nava

Mario Nava es Ingeniero Bioquímico y Técnico Programador Analista de profesión, y un emprendedor por convicción con más de 18 años de experiencia. Está felizmente casado y es padre de dos hermosas hijas, quienes son su mayor inspiración.

Apasionado por las nuevas tecnologías y un eterno estudiante, Mario fundó NetUs, una agencia de marketing IA especializada en el ramo de seguros. Con NetUs, ha ayudado a agentes a escalar sus ventas entre $15,000 y $50,000 dólares en solo 6 meses, sin depender del mercado natural o referidos.

Su enfoque en la automatización y el crecimiento sostenible ha llevado a muchos agentes de seguros a transformar sus negocios y alcanzar nuevas alturas en la industria.

www.ingramcontent.com/pod-product-compliance
Lightning Source LLC
Chambersburg PA
CBHW030442220526
45464CB00006B/2389